NOTICE NÉCROLOGIQUE

SUR

MADAME SAMUEL BERTIN

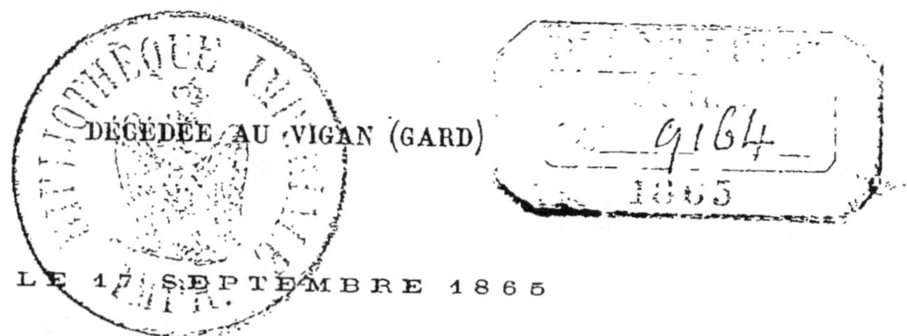

DÉCÉDÉE AU VIGAN (GARD)

LE 17 SEPTEMBRE 1865

———

PARIS

LIBRAIRIE ÉVANGÉLIQUE

4, RUE ROQUÉPINE

NOTICE NÉCROLOGIQUE

SUR

MADAME SAMUEL BERTIN

Madame Samuel Bertin, native des vallées vaudoises d'Italie, habitait le Vigan depuis près de quatre ans, et elle nourrissait son plus jeune enfant depuis dix mois, quand, le 15 mai, quelques taches rouges sur son corps lui indiquèrent les premiers signes d'une maladie qui devait être pour elle la dernière et la conduire au tombeau. J'appelai un médecin, qui déclara qu'il s'agissait d'une simple éruption et d'un peu de fatigue, et qu'après quelques soins la maladie devrait disparaître. La malade, elle, nous disait : « On n'a pas connu ma maladie ; au lieu de calmer l'irritation qui est dans l'estomac, on m'a donné du tonique, qui n'a fait que l'augmenter. Cette maladie me conduira au tombeau et j'arriverai au repos éternel ! »

J'appelai un autre médecin qui constata qu'il s'agissait d'une grande irritation du canal digestif, qui amenait, comme conséquence, diarrhée, grand dégoût et faiblesse générale. Il ordonna le lait, la purée et la viande crue en boulettes râpées. Cette alimentation parut d'abord convenir à la malade, puisque les vomissements cessèrent ; mais le mal avait fait de grands progrès, et notre chère malade s'affaiblissait chaque jour davantage. Le bismuth, pris à de fortes doses, ainsi que d'autres remèdes, ne purent arrêter la diarrhée chronique, et l'exténuation augmentait.

Ma chère épouse m'avait souvent dit qu'elle avait le pressentiment qu'elle ne dépasserait pas de beaucoup sa trentième année ; aussi parlions-nous souvent de la mort et de la préparation que le Seigneur veut accomplir dans nos cœurs pour que nous le rencontrions sans crainte. Un jour que nous parlions de ce sujet qui l'occupait souvent, je lui dis : « Puisque tu es poursuivie par la pensée de la mort, as-tu l'assurance de ton salut ? » Voici quelle fut sa réponse : « Avant de venir en France, j'étais au Seigneur, sans en avoir le témoignage ; mais au réveil qui éclata à Congénies, il y a onze ans, je reçus cette grâce ; et, depuis lors, je n'ai pas douté d'être une enfant de Dieu. Je sais que je ne suis qu'une pauvre pécheresse devant le Dieu trois fois saint ; mais je compte sur le sacrifice de Jésus, mon Sauveur. C'est en Lui que j'ai mon assurance. »

Un matin, la voyant plus souffrante que d'habitude, je lui dis : « Ma chère , que de souffrances ne faut-il pas endurer avant de quitter notre misérable corps ! — Oui, répondit-elle, je n'aurai de repos que dans le ciel ! » Comme je lui exprimai la douleur que je ressentais de voir peu à peu tomber sa tente d'argile, et le désir que j'avais de déloger avant elle, elle me répondit : « Il vaut bien mieux que je parte avant toi. Qu'aurais-je fait seule avec mes cinq enfants ? J'ai toujours désiré passer la première, et le Seigneur accomplit mon désir. Il fait bien ce qu'il fait; je n'aurai bientôt plus de douleur.» Je lui dis encore : « Si tu viens à mourir, que ferai-je de mes filles aînées? Veux-tu que je les envoie à la pension? Donne-moi quelques directions. — Mon ami, dit-elle, laisse nos chers enfants entre les mains du Seigneur; ne m'en parle plus; tu feras comme bon te semblera : je n'ai pas de conseil à te donner. »

Nous passions, ma femme et moi, nos journées dans la prière, la lecture de la Parole de Dieu, la méditation et les conversations chrétiennes. Placés, par l'épreuve, au point de vue de l'éternité, nous apercevions les choses dans leurs réalités. Plus la terre s'éloignait de nous, et plus nous étions à proximité du ciel nouveau et de la terre nouvelle, où la justice habite. Le lieu qui nous réunissait était un vrai sanctuaire d'où s'échappaient sans cesse nos prières vers le ciel, et elles redescendaient sur nous en rosée de bénédiction.

Notre chère malade, quinze jours avant sa mort, dut se séparer de trois de ses enfants qui se rendaient chez des parents à quinze lieues de distance, pour qu'il y eût plus de repos pour elle, et moins d'ouvrage dans la maison. Cette mère affectueuse, détachée déjà des liens terrestres, embrassa tendrement ses chers enfants sans verser une larme, en leur recommandant surtout d'être bien sages ! Les enfants répondirent : « Maman, nous prierons pour que Dieu te conserve. » Oh! que cette scène fut déchirante pour moi, qui savais que ces enfants ne reverraient plus leur chère mère ici-bas !

Ma chère femme avait trouvé, en Madame P., une sœur chrétienne à laquelle elle ouvrait son cœur en lui parlant de ses expériences religieuses. Elle lui dit un jour : « Je suis heureuse dans mon âme ; mon seul désir est de vivre pour le Seigneur, soit qu'il me laisse à mon cher époux et à mes chers enfants, soit qu'il me prenne à lui. » Elle ajouta : « Je sais que vous me direz la vérité. Que pensez-vous de ma maladie, et qu'en pense le médecin ? » Cette question troubla un peu notre sœur, qui, après avoir prié, lui dit : « Madame, le médecin déclare qu'il n'y a plus d'espoir de guérison. — Que le Seigneur me soutienne jusqu'à ma dernière heure ! » dit la malade avec calme.

On lui dit alors : « Désirez-vous revoir vos enfants ? Faut-il les faire revenir de Congénies ? — Non, reprit-elle ; que le Seigneur les bénisse, afin qu'ils viennent me rejoindre au ciel. Je pense maintenant à ma chère mère, elle était si bonne pour moi ! Que le Seigneur la bénisse, je veux bientôt lui écrire, pour lui faire mes adieux. »

Le 4 septembre, treize jours avant sa mort, je la descendis dans le salon, et, là, elle écrivit la lettre d'adieux que voici, à sa chère sœur, et sans verser une seule larme :

« Bien chère sœur, — Je viens, d'une main amaigrie et tremblante, te tracer quelques mots. J'ai attendu jusqu'à présent, ne voulant pas vous affliger trop tôt, car il y a déjà trois mois que je suis malade. J'ai une diarrhée qu'on ne peut arrêter et qui est accompagnée d'une grande irritation de poitrine. Trois médecins avaient d'abord constaté que ma poitrine était bonne ; mais maintenant, ayant pris un rhume, je ne fais que tousser, ce qui m'ôte parfois la respiration. Le médecin ne sait que faire ; il n'y a pas d'espoir de guérison, et je suis si faible que l'on me change d'une place à l'autre.

« Chère sœur, je te fais mes adieux; car si Dieu ne me guérit pas, je suis près du tombeau ! Je m'en vais, heureuse, avec mon Sauveur ; et j'espère que tu viendras me rejoindre. Je souhaite que tu survives à maman, pour que tu puisses la soigner. Dis-moi comment elle est dans son âme. Je t'écrirais plus au long, mais mes forces ne me le permettent pas.

« Adieu, chère sœur. Adieu cher beau-frère; donne ton cœur au Seigneur. Salue mes frères, Marie, et toutes mes connaissances. Adieu, chère sœur; au revoir dans le ciel ! — Ton affectionnée sœur,

« Suzanne Bertin.

« P. S. — J'ai aussi un épuisement occasionné par l'allaitement. »

Le lendemain, 5 septembre, ce fut à sa chère mère qu'elle fit ses adieux.

« Chère mère, — Je viens avec tristesse vous écrire quelques lignes. Me voici bien malade, sans espoir de guérison ! Chère mère, ne vous affligez pas si je meurs avant vous; car je vais être si heureuse dans le ciel ! Je vais rejoindre papa, et j'espère que vous viendrez aussi nous trouver, car je prie tous les jours le bon Dieu pour vous. Dites-moi si vous avez la paix dans votre âme, afin que je me réjouisse en l'apprenant. J'avais toujours l'espoir de vous soigner dans vos derniers jours, en venant chez vous, mais Dieu agit autrement que nous ne l'avions pensé : il faut se résigner à sa volonté sainte. Bonne mère, merci pour tous vos bienfaits pour moi; je n'ai pu vous les rendre, à mon grand regret; mais Dieu vous les rendra en vous bénissant dans votre âme en réponse à mes prières. Adieu, chère mère, ne me pleurez pas, je serai si heureuse dans le ciel ! Là, plus de souffrance, plus de peine, plus de combats ! Au revoir, dans le ciel ! Que Dieu vous donne une heureuse vieillesse ! — Votre tendre fille,

Suzanne Bertin.

Ma chère épouse exprima la vive satisfaction qu'elle éprouvait d'avoir pu faire ses adieux à ses chers parents bien éloignés d'elle, en disant : « Me voici délivrée d'un poids qui pesait sur mon cœur. » Quoique sa faiblesse augmentât chaque jour, ainsi que son irritation d'estomac, et qu'elle voyait les progrès de sa maladie, elle était toujours calme, résignée, priant le Seigneur de la préparer pour son prochain délogement. Ce qu'elle redoutait, c'étaient les souffrances qui précèdent la mort ; aussi demanda-t-elle si elle pouvait, sans pécher, demander à Dieu de lui éviter les grandes souffrances. Sur une réponse affirmative, basée sur l'exemple du Maître dans le Gethsémané, elle fut satisfaite, et on l'entendit souvent dire en priant : « Seigneur, prends-moi à toi quand tu le jugeras bon ; mais, si c'est ta volonté, évite-moi les grandes souffrances. »

Quelques jours avant son délogement, examinant ses mains et ses doigts amaigris, avec ce calme profond qui distingue ceux qui, comme l'Apôtre, peuvent dire : « Nous savons que, si notre demeure dans cette tente est détruite, nous avons dans le ciel un édifice qui vient de Dieu, » — elle prit son anneau, l'ôta de son doigt et, avec sa douceur habituelle, elle me dit : « Tiens, mon cher mari, prends cet anneau. — Tiens-tu, ma chère, lui dis-je, à ce que je le mette au doigt ? » Elle répondit : « Oui ; mais tu feras comme tu le trouveras bon. » Après ce court entretien, un silence de mort régna dans la chambre qui nous réunissait ; nous pensions l'un et l'autre à notre prochaine séparation, demandant au Seigneur de nous y préparer.

La malade aimait beaucoup la prière ainsi que la lecture de quelques courtes portions de nos saints Livres. Souvent elle disait en écoutant cette lecture : « Que cette parole est bonne, comme elle nourrit notre âme et répond à tous nos besoins ! » — Un jour que nous parlions du ciel, elle me demanda si l'on pourrait se reconnaître dans ce monde invisible ? Je lui dis pour l'encourager : « Ma chère, si le riche, dans les enfers, put reconnaître Lazare qui était dans le ciel, et s'il avait une vue qui lui permît de franchir la distance qui le séparait des bienheureux, ces derniers, qui ressemblent à Dieu, n'auront-ils pas une connaissance et une vue parfaites ; ne verront-ils pas ce qui se passe dans le ciel, dans les enfers, et même sur la terre? Ces témoins, qui nous contemplent dans notre course chrétienne et desquels nous parle l'Apôtre, dans l'Epître aux Hébreux : les patriarches, les prophètes, et auxquels se sont joints les apôtres, les martyrs, nos pères morts dans la foi ; si déjà, du haut du ciel, ils nous contemplent, ne ferons-nous pas plus amplement connaissance quand nous serons arrivés dans le lieu qu'ils habitent? Les liens qui t'uniront à tes chers parents dans les cieux seront spirituels, car les liens charnels sont trop impurs pour entrer dans le ciel. Ces derniers se brisent dans ce monde et disparaissent pour toujours, tandis que les premiers demeurent à toujours, comme ceux qu'ils unissent. »

Elle aimait beaucoup les visites chrétiennes, redoutant celles qui n'avaient pas pour but son édification. Détachée de la terre depuis longtemps, il fallait qu'on lui parlât de cette patrie nouvelle, qu'elle habitait déjà par le cœur, et dans laquelle elle allait bientôt entrer pour y jouir du repos éternel.

A la dernière visite que M. Emile Cook lui fit, peu de temps avant qu'elle n'expirât, notre chère malade écouta avec un sensible plaisir la lecture et la méditation de la Parole de Dieu, répondant aux questions qu'on lui adressait et déclarant qu'elle était heureuse en Dieu. Elle suivit du cœur la prière qui monta vers le ciel en sa faveur, répondant *amen* à toutes les requêtes. On voyait qu'elle soupirait après Dieu.

Elle invitait aussi quelquefois Madame P. à prier pour elle. Un jour qu'elle priait près de la malade, celle-ci lui dit : « Oh ! que je suis heureuse dans mon âme ! Si le Seigneur m'appelait dans ce moment, je m'en irais sans crainte au ciel ! »

Ma chère épouse n'eut pas de grandes souffrances à endurer pendant sa maladie ; ses forces s'affaiblirent peu à peu ; elle ne resta que huit jours au lit, et encore la levions-nous deux fois par jour, en vue de son soulagement. Cependant, la dernière nuit qu'elle passa sur la terre, et qui, pour elle, devait être suivie d'un jour éternel, elle fut plus souffrante que d'habitude, sans le faire connaître, me demandant souvent de la changer de place. Hélas ! nous cherchions une bonne place, mais nous n'en trouvions pas. Aussi me dit-elle : « Je n'aurai de bonne place que dans le ciel. » Toutes les cinq minutes, je lui donnais quelques gouttes d'eau fraîche qu'elle prenait avec plaisir et reconnaissance. « Ma chère, lui dis-je, par ces quelques gouttes d'eau fraîche que nous te donnons, tu étanches imparfaitement ta soif dévorante, excitée par l'irritation qui te consume ; mais rappelle-toi qu'il est, dans le ciel, un fleuve qui sort du trône de Dieu et de l'Agneau, et que là, tu étancheras ta soif, de vie, de bonheur et de sainteté. « Oh ! oui ! » dit-elle avec joie.

Le 17 septembre 1865, jour de repos, qui, pour ma chère femme, devait être le commencement du repos éternel, je lui fis la prière, dès l'aube du jour, demandant à Dieu de bénir sa servante et de la préparer pour la mort qu'elle attendait. A chaque demande, elle répondait à haute voix : « *Amen.* » On voyait qu'elle soupirait après le Dieu Fort et Vivant, et qu'elle disait dans son âme : « Quand entrerai-je et me présenterai-je devant ta face ! »

Vers les huit heures du matin, on présenta à notre chère malade un peu de tapioca qu'elle prenait habituellement ; mais une toux persistante l'empêcha de le prendre, et il fallut y renoncer. Elle me dit alors avec douceur, tournant vers moi un regard plaintif, qui ne trahissait aucun murmure : « Comment se fait-il que Dieu m'envoie cette toux, puisque je n'ai pas assez de force pour tousser ? — Mon enfant, lui dis-je, c'est l'effet de la maladie, et Dieu le permet, pour accomplir par la souffrance l'œuvre de la patience ; il veut te détacher complétement de cette terre de péché que tu vas quitter bientôt. Tu n'auras pas longtemps à souffrir. « Oui, dit-elle, c'est bien vrai. »

Le même jour, à onze heures du matin, mon épouse m'appela d'une voix forte, disant : « Mon cher Samuel, je vais mourir ! Il faut nous quitter ! Soulève-moi. » — La voyant parler avec tant de force et de calme, je lui dis : Ma chère, comment sais-tu que nous allons nous quitter ? « Je le sais, mon ami, je le sens. Soulève-moi, et laisse-moi prier mon Dieu à haute voix ! »

Alors elle commença à prier à haute voix, avec beaucoup de ferveur, d'onction et de foi, pour que Dieu la préparât pour son ciel. Quoique sa prière durât plus d'une heure, elle parut courte aux assistants. Jamais on ne vit une mourante prier avec plus de force ; on sentait que celle qui parlait à Dieu et qui s'en allait au ciel, était près de Dieu et du ciel !

Après qu'elle eut ainsi passé une heure en prière, elle éprouva une certaine fatigue, et elle dit : « Ma bouche est sèche, je ne puis plus prier comme je le faisais. » Je lui dis : Ma chère, je vais te remplacer ; et quand je terminai ma prière, elle dit : « Oh ! que tes prières sont bonnes ! Comme elles me font du bien ! » Voyant qu'elle souffrait un peu plus que d'habitude, je lui dis, pour l'encourager : Ma chère, pense aux souffrances que le Seigneur endura volontairement pour toi. Rappelle-toi qu'il souffrit pour t'éviter les souffrances éternelles ; qu'il fut abandonné de son Père momentanément pour que tu fusses unie à lui et à son Père pour toujours, et qu'il est mort pour te donner la vie éternelle. « Oh ! dit-elle, quel amour ! quel amour de mon Sauveur ! »

Après un moment de repos, je lui demandai si elle était détachée de la terre ; et elle répondit affirmativement. Enfin je lui dis : Ma chère femme, es-tu bien détachée de tes chers enfants ? Elle répondit : « Oui, je n'y pense même pas. » Alors, lui dis-je, tu ne connais plus personne selon la chair ? « Non, » dit-elle. Elle était soutenue par le Seigneur, et heureuse d'avoir près d'elle des personnes affectueuses qui luttaient en sa faveur.

L'ennemi de son âme vint un moment l'assiéger par le doute, en essayant de lui faire croire qu'elle n'avait pas assez de foi pour entrer dans le ciel. Ce fut alors qu'elle redoubla d'effort dans la prière pour être délivrée de toute crainte, et qu'elle m'invita à prier pour elle. La malade vit alors Madame P. qui entrait, et elle lui dit : « Madame, soutenez-moi, Satan voudrait troubler ma paix. » — Bon courage, chère Madame Bertin, vous sortirez de la lutte.

Jésus a vaincu pour nous! Nous priâmes pour la malade, et celle-ci, réunissant toutes ses forces, pria aussi d'une voix forte, disant : « Seigneur Jésus, je suis à toi, tu es mort pour moi, viens prendre mon âme que tu as rachetée! Mon doux Sauveur, viens prendre mon âme, ne tarde pas! » Et moi je disais au Seigneur : Envoie tes anges et qu'ils transportent l'âme de ta servante dans le sein d'Abraham. Et la malade répondait : « *Amen.* » Le tentateur venait de se retirer, comme il s'était retiré du Maître dans le désert. Le nuage du doute s'était dissipé en présence du Soleil de justice, et notre chère malade sortait de l'épreuve pleine de joie, d'amour et d'espérance, disant : « Oh! que je suis heureuse! »

Elle dit alors à Madame P. : « Je vous donne mon livre de cantiques; » et à de jeunes amies desquelles elle avait été pendant deux ans la conductrice, elle dit : « Persévérez jusqu'à la fin. » Voyant sa fille aînée qui pleurait au pied de son lit en disant : « Je ne veux pas que maman meure! Je veux aller avec elle! » elle lui dit en l'embrassant : « Mon enfant, donne ton cœur à Dieu, et nous nous retrouverons au ciel. »

Je lui demandai si elle ne regrettait pas de mourir en France, loin de son pays? « Non, dit-elle, nous n'avons pas ici de cité permanente; mais nous cherchons celle qui est à venir. » — « Reconnais-tu, lui dis-je encore, que tu as accepté la vérité en recevant l'Evangile, et dois-je continuer à l'annoncer aux pécheurs? — Oui, » dit-elle. « Ma chère, lui dis-je encore, que dirai-je à ta mère, à tes frères, à ta sœur et à nos enfants? « Tu leur diras que je meurs heureuse! que je m'en vais au Seigneur et que je les attends au ciel!... Dis à ma mère et à mes frères qu'ils se convertissent; à ma sœur, qu'elle persévère dans la foi, et à nos enfants, qu'ils se convertissent pour qu'ils viennent nous rejoindre au ciel. » — Que dirai-je aux nombreux amis de la campagne et à ceux de la ville, quand je les visiterai ? — Elle me dit : « Tu leur diras d'être plus zélés pour le service de Dieu. »

Il était quatre heures de l'après-midi ; ma chère épouse parlait ou priait depuis onze heures du matin, quand sa légère oppression devint plus forte. Je lui rappelai les prières qu'elle avait adressées au Seigneur, lui demandant de lui éviter les grandes souffrances. Elle dit : « Oui, que Dieu a été bon de ne pas m'envoyer de trop grandes souffrances ! Merci, mon Dieu, merci, de ce que tu m'as exaucée. Que Dieu a été bon aussi, en permettant que je sois si bien soignée par toi, mon cher mari ; Dieu te le rendra dans le ciel ! Et que je suis heureuse de t'avoir eu près de moi, dans la lutte, pour me soutenir afin d'arriver à la victoire. »

Après quelques instants de repos, elle tourna vers moi un regard expressif ; je me penchai vers elle, et elle me dit : « Adieu, mon cher, au revoir... Je meurs, » et elle me donna son baiser d'adieu. Je le lui rendis sur son front, par où mes lèvres brûlantes rencontrèrent les sueurs glacées de la mort. Il ne lui restait qu'une étincelle de vie quand je lui dis : Ma chère, meurs-tu dans la foi au Sauveur, et es-tu heureuse ? Elle me répondit, pour la dernière fois, d'une voix éteinte : « Oui. »

Quelques minutes après, la légère oppression qui la faisait souffrir cessa ; ses yeux se fermèrent dans ce monde, et l'œil de son âme contempla les réalités éternelles. La première maladie qui la frappait dans ce monde la conduisit au tombeau.

Je tombai à genoux au pied de ce lit de mort, demandant au Seigneur les consolations qu'il donne en abondance à ceux qui les attendent de lui. Je priai pour mes chers enfants, qui faisaient une perte irréparable, et je rendis grâces au Seigneur de ce qu'il venait de donner à ma chère épouse une abondante entrée dans son royaume. Nous nous relevâmes tous, regardant encore une fois ce corps glacé par la mort, sur lequel était gravé l'empreinte de la pureté et de la paix, qui distinguait l'âme qui venait de le quitter pour le ciel. Et chacun se dit, sous l'impression la plus vive, dans ce silence : « Que je meure de la mort des justes, et que ma fin soit semblable à la leur. »

Samuel Bertin.

Paris. — Typ. de Ch. Meyrueis, rue des Grès, 11. — 1865.